足が速くなる

ポンピュン走法

DVDブック

川本和久
（福島大学教授・陸上競技部監督）著

はじめに

二〇〇八年に上梓《じょうし》した『福島大学陸上部の「速い走り」が身につく本』は、おかげさまで大きな反響をいただきました。

前著では、陸上競技の短距離走で多くの日本記録保持者を生み出している福島大学陸上競技部の、速く走る技術や練習法を写真やイラストを用いて解説しました。

本を参考に、練習法やドリルを実践された人は、確実に速く走れるようになったはずです。また、走ることに楽しさを感じていただけたと思っています。

今回は、「速く走る方法を映像でも見てみたい」という、多くの読者からの要望をいただき、ＤＶＤブックとして新たに本書を刊行する運びとなりました。

本書では、速く走る方法を「走りのメカニズムを知ろう」「これがポンピュン走法だ！」「正しいスタートとグイグイ走法でさらに足が速くなる」の三つの大きなパートに分けています。

走るということはどのようなことなのかをまず理解し、短距離走でとくに重要だといわれる中間疾走《しっそう》での体の使い方やドリルを行い、一瞬で勝負を分けることもある正しいスタートの方法を紹介しました。

走ることのメカニズムを理解し、それを体の感覚として実感し、反復練習を行って精度を高めていってほしいと思います。

映像の中では、私も身振り手振りを交え、精一杯、速く走る方法を表現しています。また、モデルになってくれたトップアスリートたちが、実際に走ったりドリルを行ったりする映像を見ていただくことで、写真だけでは表現しきれなかったスピード感や連続性のある体の使い方などが、よりイメージしやすいものになりました。

そして、映像でイメージしたものをさらに理解し、頭の中に焼き付けていただくためにＤＶＤブックの形態を用い、本文では重要ポイントに絞った解説をしています。

ＤＶＤとブックを活用し、映像でスピードや体の動かし方をイメージして、それを本文で理解を深めるという使い方をしていただきたいと思います。

走ることは楽しい、そして、速く走ることはもっと楽しいことだ、ということを本書で見出していただければ幸いです。

二〇一〇年四月

川本和久《かわもとかずひさ》

足が速くなる「ポンピュン走法」DVDブック

目次

第1章　走りのメカニズムを知ろう

第2章
これがポンピュン走法だ！

第3章

正しいスタートとグイグイ走法でさらに足が速くなる

装丁・本文デザイン＝橋本崇之・吉川忠孝
装画＝服部幸平
写真＝富田浩二
イラスト＝中川原　透
ＤＶＤ製作＝㈱ニックス・㈲シンタックスデザイン

第１章

走りのメカニズムを知ろう

速く走るには、まず「走る」とはどういうことなのかを理解する必要があります。本章では、走りのメカニズムと速く走るために必要な体の使い方の基本を解説します。

走ることは移動すること

DVD CHAPTER 1 参照

「走る」ということを少し科学的に考えると、要するに「移動する」ことです。移動するという点では「歩く」ことと同じですが、「歩く」はどちらかの足が必ず地面に着いているのに対し、「走る」は両足が地面から離れる瞬間が必ずあるという点が違っています。

陸上競技に「競歩《きょうほ》」というジャンルがあります。これは歩く速さを競《きそ》う競技なので、どちらかの足が必ず地面に着いていなければなりません。もし、両方の足が地面から離れた場合、それは「走った」ことになり、「ロス・オブ・コンタクト」という反則をとられ、失格になってしまいます。

歩くことを基本と考えると、「走る」は歩くよりも速く移動すること、「速く走る」はさらに速く移動すること、と考えられます。いい換えると、一定時間に移動する距離が長くなればなるほど速く走れるわけです。具体的には、一秒間に五メートル移動できる人と、

「速く走る」には「素早く動く」のではなく「大きく移動」すること

三メートル移動できる人を比べた場合、五メートル移動できる人のほうが速く走れることになります。

二〇〇九年八月十六日に、ジャマイカのウサイン・ボルト選手が九秒五八という一〇〇メートル走の世界記録を出しました。もし、彼が「一〇秒間走」を行ったなら、一〇四・三八メートル走れる計算です。一般の人が一〇秒間に走れる距離はせいぜい七〇メートル強で、八〇メートル走れる人はなかなか見当たりません。

速く走るというと、必死になって足の回転数を上げ、チョコチョコと走る人がいます。そんな走りを見ると「素早いなぁ」とは思いますが、タイムを計ると決して速くはありません。右でお話しした「走れる」を「移動できる」に換えて考えてみましょう。速く走るとは、素早く動くことではなく、「大きく移動すること」だとわかるはずです。

地面からの反発力をもらう

DVD CHAPTER 1 参照

走る速さは足の回転数（ピッチ）と歩幅（ストライド）で決まります。ただ、ピッチは一秒間に四～五回ほどで、子供も大人も、男女もそれほど変わりません。一方、ストライドは考え方によっても、トレーニングによっても大きく違ってきます。ストライドは一歩における移動距離そのものですから、いかにストライドを大きくするかが、速く走るうえでとても大切になります。

そのストライドを大きくして移動距離を長くするには、地面に大きな力を加える必要があります。そして、地面からどれだけ大きな反発力をもらうかが、カギを握っています。地面に加える力と、地面からの反発力をうまく利用すると、大きく移動できる、つまり、速く走れるのです。

いくつか例をあげて考えてみましょう。

立ち幅跳《と》びで遠くまで跳ぼうとすると、それだけ地面を強く蹴《け》らなければなりません。これが地面に与える力と移動距離の関係です。また、土の上と砂の上で立ち幅跳びをすると、土の上のほうが遠くまで跳べます。これは、土のほうが砂よりも大きな反発力をもらえるからです。

次に、リレーで使うバトンを地面に向かって真上から真下に落としてみましょう。胸の前の高い位置から真下に落とすと、大きく跳《は》ね返ってきます。しかし、腰のあたりから真下に落としても、それほど跳ね返ってきません。さらに、同じ胸の位置から落としても、真下に落とすのと、少し斜めにして落としたのとでは、跳ね返りの大き

地面に大きな力を加えて地面から大きな反発力をもらうことが速く走るカギとなる

さが違います。

　バトンを人間の足と考えると、大きな力で、真上から真下に向かって振り落としたときが、地面からの反発力が最も大きくなり、その反発力を効率よく得られるのです。

　このことは科学的にも明らかになっていて、下の図のように、体の真下に力が加わったときに、その大きさ、方向ともに最も理想的な反発力が得られます。

　この足を振り下ろす動きを「ドライブ動作」といい、ドライブ動作でいかに大きな力を体の真下に加えるかが、速く走るうえでとても大切な要素になります。

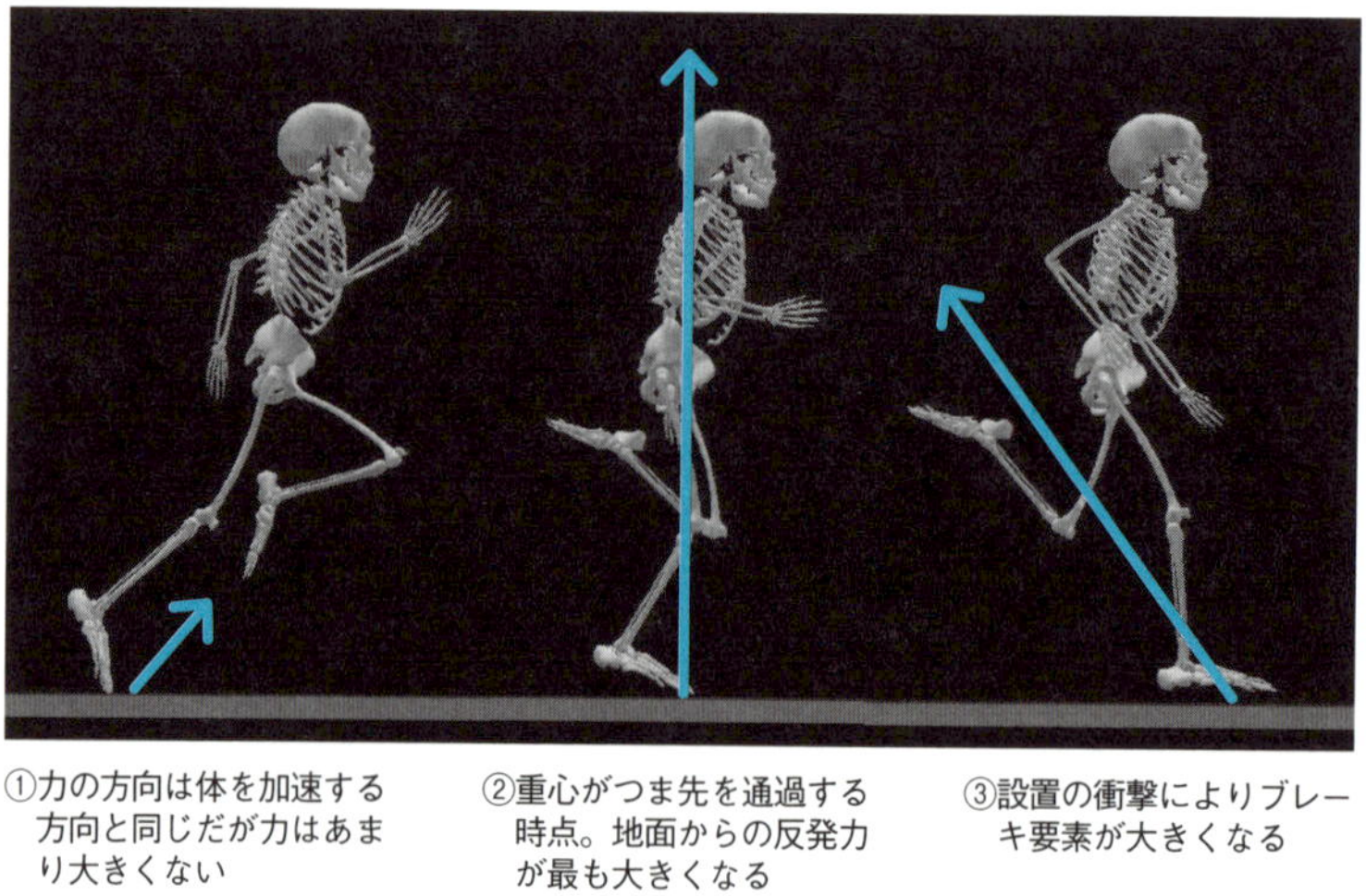

①力の方向は体を加速する方向と同じだが力はあまり大きくない
②重心がつま先を通過する時点。地面からの反発力が最も大きくなる
③設置の衝撃によりブレーキ要素が大きくなる

※松尾彰文「スピード向上に関するバイオメカニズムの最新情報」コーチングクリニック、21（12）、ベースボール・マガジン社より改編して引用

緩衝をしない

DVD CHAPTER 1 参照

真上から真下に向かって、大きな力で足を振り下ろす「ドライブ動作」も、やり方しだいでは速く走る役に立たず、ただ疲れるだけです。ドライブ動作をじゅうぶんに活用するためには、「関節で緩衝《かんしょう》しない」ことが大切です。

走るのが遅い人や、走り方を習ったことがない人は、ドライブ動作をして強い力を地面に加えた瞬間、足首やひざ、腰の関節を曲げてしまいます。これは、高いところから飛び降りたときにも見られます。足首やひざを柔らかく使って衝撃をやわらげる緩衝行動は、体を守るために自然に出るのでやむを得ません。

パートナーが補助について肩を強く押してあげると緩衝しないイメージがつかみやすい

Good

体を一本の棒のようにしてジャンプすればジャンプの高さも明らかに違ってくる

しかし、この緩衝行動は、地面に与える力を小さくして、その反発力を弱めるので、速く走ることにとってはマイナス要素になります。いわば、せっかく生み出したエネルギーを捨てているようなものです。速く走るには、筋肉や関節に、ある程度のリスクが伴《ともな》うものなのです。

同じ高さから同じ方法で、硬さの違うアルミ製のバトンとゴムホースを落とした場合、アルミ製のバトンのほうが大きく跳ね返ります。もっというと、ゴムホースはまったく跳ね返りません。

Bad

足首、ひざ、腰などの関節で緩衝すると反発力が弱まってしまう

その場でジャンプするときも、関節で緩衝しなければポンポンポンと連続して、リズムよくジャンプできます。これに対し、関節で緩衝すると、一回一回、地面で止まってからまたジャンプする「どっこいしょジャンプ」になってしまいます。

これと同様、ドライブ動作のときは、足が接地する直前に力を入れて足首やひざ、腰の関節で緩衝しないように意識し、体が一本の棒になったイメージで行うことが大切です。

厳密には、ドライブ動作で

は重力が加わるので、関節がまったく曲がらないわけではありませんが、緩衝しないことを意識すると、地面から大きな反発力がもらえ、弾むことができるようになります。

スイング動作とは

DVD CHAPTER 1 参照

ドライブ動作で大きな反発力をもらったら、そのエネルギーを速く走ることにつなげる必要があります。ただ大きな反発力をもらっただけでは、その場で弾んでいるだけで、前には移動できません。もらった（つくり出した）エネルギーを原動力に、前に前に弾んでいくことが必要になります。

つまり、エネルギーに方向を与えるのです。そのためには、ドライブ動作で地面の真下に力を加え終わった足を前方に「ピュン」ともっていき、力強い「スイング動作」をすることが求められます。

走る動作を見ると、一見、足を前後にスイングしているように見えます。しかし、スイング動作は後ろから前にしなければ意味がありません。トップスプリンターの場合、足を後ろに動かしているように見えても、実は、そこではすでに前方向へのスイング動作をしているのです。足を後ろに動かしているように見えるのは、ドライブ動作のエネルギーが残っていて、慣性《かんせい》の法則（静止または一様な直線運動をする物体は力が作用しない限りその状態を維持するという法則）によって後方に上がっているだけなのです。

一方、一般の人や走るのが遅い人は、見た目どおり、足を後ろに蹴っています。すると、本来の「前に」のスイング動作をするのによけいな時間がかかり、後ろで足が空回りするような走りになってしまいます。

速く走るには、ドライブ動作のエネルギーを有効に利用してスイング動作を行い、そのエネルギーを前に移動するために利用するのが最も効率のよい方法です。それには、後ろに蹴り上げるのではなく、ひざから下は意識せずに、太ももを体の前で動かしていくというイメージを持つとよいでしょう。

スイングの方向が的確でも、そのタイミングが悪ければ速く走れません。タイミングが悪いと走っている本人も混乱するでしょう。また、見た目にもちぐはぐで、まるでコメディアンが笑いを取るために走っているようになってしまいます。したがって、スイング動作では、「方向」と「タイミング」という二つの要素が重要になります。

では、どんなタイミングがよいのでしょう。垂直跳びを例に考えてみましょう。

垂直跳びで、できるだけ高く跳ぶには、足で地面を蹴る瞬間（反発力をもらう瞬間）に腕をスイングします。スイングしてから跳んでも、跳んでからスイングしても高くは跳べません。同様に、走る場合も腕をスイングするタイミングは大切です。

それ以上に、足をスイングするタイミングは重要です。足を後ろに蹴り上げる走りの場合、スイングするタイミングが遅れます。すると、ドライブ動作でエネルギーを生んだときには、もう一方の足が後ろに残っています。これは、重い足が重心よりも後ろに残っている状態で、移動距離が短くなり、速く走れません。

垂直跳びの場合、足で地面を蹴る瞬間に腕をスイングすると高く跳ぶことができる。このタイミングを走りに応用すればよい

足のスイングをスピードに利用するには、ドライブ動作をした足が接地した瞬間に、スイングした足がそれを追い越している必要があります。くわしくいうと、ドライブ動作をした瞬間、その足のひざをスイング動作をする足のひざが「ピュン」と追い越すというタイミングが理想です。

ただし、このタイミングは、スピードが速くなるにしたがって合わせにくくなります。どのタイミングでスイングする足に力を加えるかは、個人個人のフィーリングにたよるしかありません。コーチや練習パートナーは「タイミングが合っていた」「遅かった」としかいえず、タイミングの感覚はドリルやトレーニングを通して自《みず》ら養《か》っていくしかないのです。

第２章

これが ポンピュン 走法だ！

前章で「走る」ということのメカニズムを理解したら、実際に速く走るためのドリルを行いましょう。キーワードは「ポン」と「ピュン」。この二つの動作を使った「ポンピュン走法」を身につけると、見違えるように速く走れるようになります。

骨盤を固定する意識を養う「白樺のポーズ」

DVD CHAPTER 2 参照

速く走るために忘れてはならないポイントが、基本姿勢です。基本姿勢はふだんの生活でも大切ですが、走ったり跳《と》んだりと運動するときには、それ以上に重要になります。

走るときには、私たちは腕を振ります。その場でやるだけでもわかりますが、腕を振ると体が左右にねじれます。走るときには足が回転していますから、腕の振りによるねじれだけでなく、足の回転によるねじれも生じます。

体がいろいろな方向にねじれていたら、地面に強い力を加えようとしてもできません。また、そのねじれによって、反発力のエネルギーも効率よく使えません。速く走るためにマイナスなねじれをできる限り抑えるためには、体の中心、とくに骨盤《こつばん》を固定することが求められます。

骨盤を固定し、ねじれを抑え、芯《しん》の強い姿勢をつくるには、「白樺《しらかば》のポーズ」が有効です。白樺のポーズは、もともと器械体操の基本姿勢として、旧ソビエトの体操競技のコーチがとり入れました。この姿勢は、スポーツをするうえでたいへんすぐれた姿勢として、陸上競技はもちろん、そのほかの多くのスポーツにとり入れられています。

ふだん、私たちが通常の生活をするときの姿勢を横から見てみましょう。背骨に着目すると、首、胸、腰の部分で湾曲《わんきょく》し、骨盤も地面に対して傾いています。これは、衝撃を吸収できる安全な姿勢です。しかし、前章で述べたように、速く走るには、衝撃吸収はマイナス要素になります。

これに対し、白樺のポーズは、傾いている骨盤を立てることで、背骨の湾曲が減少するため、反発力を有効に利用し、重心もスポーツに有効な位置に移動するという利点があります。

白樺のポーズはその名のとおり、大地に根を張り、幹《みき》が空に向かってスーッとまっすぐ伸びた姿勢です。この姿勢からは、体幹部《たいかんぶ》を垂直に維持する筋力や、技をつくり出す手足、首などの筋肉を自在にコントロールできるので、非常に機能的な姿勢といえます。

〈白樺のポーズのやり方〉

❶直立姿勢をとる

❷かかとはつけたまま、できるだけつま先を外に開き、背すじを伸ばす。このとき、お尻《しり》の筋肉にギュッと力を入れる

❸背骨が反らないように、肩を前に出す意識で、体の前で木を抱くようにする

❹腕を元の位置に戻してからつま先も元に戻し、頭の上から糸でつられているような意識でスッと背すじを伸ばす

直立姿勢からつま先を外に開き、背すじを伸ばす

背骨が反らないように肩を前に出す意識で、体の前で木を抱くようにする

真上から地面に力を加える

DVD CHAPTER 2 参照

速く走るために最初に必要なのは、大きなエネルギーをつくり出すことです。このエネルギーはドライブ動作でつくり出します。

ドライブ動作の基本は足を上げることから始まります。白樺のポーズの骨盤が立った姿勢のまま、スッと足を上げます。このとき、足全体に力を入れて上げようとすると、へその部分からのけ反るようなかっこうになり、骨盤が寝て支持足も曲がってしまいます。体の中心に力を入れ、骨盤が寝ないよう、股関節《こかんせつ》の位置から足を上げます。

足全体はもちろん、太ももの裏側の筋肉も使わない意識で、つまり、太ももの表側（前側）の筋肉だけを使って足を上げます。太ももの表側の筋肉だけを使って足を上げると、ひざから下は力が入っていないので、自然な形で下を向いているはずです。

太ももの裏側の筋肉を使っていると、ひざから下が太ももの裏側に折れ曲がるので見分けがつくでしょう。また、ひざから下に力が入ると、つま先が真下に向いたり上を向いたりします。この二点に注意して、太ももの表側の筋肉だけで足を上げる感覚を身につけましょう。

足を上げたら、上から下に力を加えて「ポン」と下ろします。このとき、その場に立ち止まっているのではなく、前に移動します。二足長《にそくちょう》（足のサイズ二つ分）くらい先に、空き缶があるイメージを持ち、その空き缶を上から踏みつぶす意識で「ポン」と振り下ろして前に移動します。

真上から缶を踏まないと、缶がころがって踏みつぶせなくなります。とにかく真上から踏みつぶす感覚で「ポン」です。こうすることで、上半身が前に移動します。

そして、足を振り下ろして空き缶を踏みつぶした瞬間に、反対側の足のひざが、振り下ろした足のひざを追い越すというタイミングを身につけましょう。「イチ（下ろす）」、「ニー（追い越す）」という二拍子のリズムではなく、「イチ」のワンモーションで振り下ろしと追い越しを同時に行います。

骨盤が寝ないように股関節の位置から足を上げる。このとき太ももの表側だけの筋肉を使うこと

ワンモーションのタイミングでくり返す

振り下ろした足が接地した瞬間に反対側の足のひざが追い越す

二足長くらい先に置いた空き缶を踏みつぶす意識で足を振り下ろす

ポンポンポンで移動する

DVD CHAPTER 2 参照

片方の足をドライブ動作で上から下へ振り下ろし、同時にもう片方の足がそれを追い越し重心を前に移動するという一連の動作を、「ポン」というワンモーションで行います。片方の足で「ポン」「ポン」「ポン」とゆっくりしたリズムで続けてできるようになったら、もう反対側の足でも同様に行います。

両足を行って「ポン」という感覚がつかめたら、一歩ずつ「ポン」「ポン」「ポン」とゆっくりでよいので、前へ前へ移動してみましょう。

それができるようになったら、リズムを「ポンポンポン」にして移動していきます。

まず、その場でジャンプして、関節で緩衝《かんしょう》しない感覚をつかみます。

次に、実際に運動を行いますが、直立の姿勢から始めると、足を下から上に上げるという動作からのスタートになるので、足を上げた状態からスタートします。上から下へ、上から下へと足を下ろし、連続して空き缶をつぶすようなイメージを持ちながら、ポンポンポンと弾むように移動します。

この段階では、足はあまり高く上がりませんので、ポンポンポンで移動する距離は長くありません。足の高さや移動距離を気にするのではなく、「弾んで移動する」という感覚を身につけるよう心がけましょう。

ここで大切なのはタイミングを合わせることです。一方の足を下ろしたときにもう一方の足が前に出るということを頭に入れて行います。このとき、太ももの裏側に力が入っていると、足が前に出てきません。

また、よくあるケースが、足を手前、すなわち、体に近いところに下ろしてしまって、前へ前へという移動ができないことです。足だけを動かすのではなく、ドライブ動作で弾んで前に移動することを心がけましょう。また、足首やひざで緩衝しないのを忘れないことも大切です。

これを行うと、ドライブ動作で生み出したエネルギーを利用して、緩衝しないで前へ弾んで移動するという感覚が身につきます。

その場でジャンプをして緩衝をしない感覚をつかむ

Good

ポンポンポンと弾みながら前へ前へと移動する

Bad

足を体に近いところへ下ろしているため足が動いている割に体の前への移動が少ない

ツースキップで移動する

DVD CHAPTER 2 参照

ポンポンポンで弾む意識を、さらに確実な感覚で自分の体に記憶させるドリルが、ツースキップで移動するドリルです。

両足に微妙な時間差をつけて、「タターン」「タターン」と着地し、地面からの反発力をもらって弾むように前へ移動していきます。見た目には両足で弾んでいるようですが、あくまでもドライブ動作は片方の足で行っています。

このドリルを行うときは、「どうしたら自分は弾めるのか」という感覚を探しながら行うとよいでしょう。足が地面に着いたときにかかとを高い位置に保つ、骨盤を止めるようにするなど、その人なりのポイントでかまいません。自分はこうすれば弾めるというものをつかむことが大切です。

ツースキップのドリルを行ったあとに、「ポンポンポン」の空き缶つぶしを行うと、弾むという感覚がより鮮明になります。

3

2

1

9

8

7

両足に微妙な時間差をつけて「タターン」「タターン」と
着地しながら弾むように前へ移動していく

6　5　4

12　11　10

力を逃さずに弾む

DVD CHAPTER 2 参照

空き缶つぶしのポンポンポンがうまくできるようになったら、ストライド、つまり、移動距離を少し伸ばしてみましょう。ここでもまだ移動距離はそれほど長くありません。しかし、移動距離が短いことで、地面からのまっすぐな反発力を感じることができます。

地面にマーカーを置いて、空き缶つぶしの要領で移動していきます。「弾んで移動する」ことをテーマにして、弾んでいる間に空中で左右の足の入れ替えを行います。足首やひざで緩衝すると、このドリルはうまくいきません。地面にいる時間を短くし、ポンポンと弾んで移動していきます。

マーカーをまたぎながら「弾んで移動する」感覚を身につけていく

マーカーの間隔を広げて移動距離を長くする

DVD CHAPTER 2 参照

地面からのまっすぐな反発力が感じられるようになったら、マーカーの間隔を少し広げましょう。目安は二〇センチです。移動距離が少し長くなったので、自分の中で前へ、前へという意識が必要になってきます。

さらに二〇センチほどマーカーの間隔を広げます。移動距離がさらに長くなりましたが、大切なのは、移動距離が長くなっても動きを変えないということです。

マーカーの間隔が広がると、つい移動距離を意識して、足を前に伸ばしてしまいがちです。足を前に伸ばすと、地面に加えられる力も小さくなり、当然、反発力も小さくなります。力を加えるのは真上から真下だということ、真上から加える力を大きくして移動距離を長くする、ということを意識して動くことが大切です。

最初は、どうしてもマーカーが気になってうまく前へ弾めない場合もあります。そのときは、移動距離が長くなっても前に弾むという感覚を養うためのドリルを行うのもよいでしょう。

2

1

まず、その場で両足でジャンプします。このジャンプも緩衝しないことが大切です。次に、片方の足で交互にジャンプします。弾む感じができてきたら、ジャンプを続けながら腕の振りをつけ、ポンポンポンと少しずつ前へ移動していきます。徐々にストライドを伸ばし、前へ前へと移動距離を伸ばしていきます。

このドリルを行った延長に、マーカーをセットしておくと、マーカーを意識しないで移動距離を長くするという感覚が身につくでしょう。

5

マーカーの間隔を
広げても「前に弾
む」という感覚は
変えずに移動する
ことが大切

4　3

8　7　6

スイングして遠くに移動する

DVD CHAPTER 2 参照

ここまでは、ドライブ動作で地面に力を加えて前に移動する「ポン」という運動を行ってきました。前に進むエネルギーを生み出してきたわけですが、ここまではまだ、片方の足の運動だけでした。ここからは、ポンの運動に「ピュン」のスイングをタイミングよく加え、スイングの力で走ることを覚えましょう。

まずは立ち幅跳びを例に、スイングのエネルギーの正しい方向を考えましょう。普通に立ち幅跳びをすると、腕を上にスイングする人がいます。しかし、跳びたいのは上ではなく前ですから、腕を上にスイングするとエネルギーのロスになってしまいます。これに対し腕を前にスイングした場合、エネルギーの方向が前になるので、上にスイングしたときに比べて、明らかに飛距離が伸びます。

立ち幅跳び同様、走るときの足のスイングも、行きたい方向、つまり、上ではなく前にスイングする必要があります。

スイングの方向を確かめるには、「ひざペッチン」というドリルを行うとよいでしょう。これは、パートナーが差し出した手に、足をピュンとスイングしてひざを当てていくドリルです。ひざペッチンのドリルを何度もくり返し、後ろから前にピュンとスイングすると

P49へ続く

立ち幅跳び Good

4　3　2　1

立ち幅跳び Bad

4　3　2　1

腕を跳ぶ方向にスイングすれば飛距離は明らかに伸びる

8　7　6　5

腕を上にスイングするとエネルギーのロスになり飛距離が出ない

8　7　6　5

ひざペッチン Good

前に大きくスイングする感覚を身につける

選手はひざを手に当てにいく

パートナーは選手のひざの位置に手を差し出す

ひざペッチン Bad

手の位置がひざより高くても低くても効果はない

いう方向を見つけていきます。

パートナーは選手のひざの高さで、前の位置に手を差し出します。このドリルを行うと、上ではなく前にスイングするという感覚を覚えられます。また、手を差し出す位置を、少しずつ前に離していくと、スイングの方向は変わりませんが、スイングのスピードを上げて大きなエネルギーをつくり出さないと、手にひざを当てられません。大きくスイングするには、スイングする足のエネルギーを大きくしなければなりませんが、同時に、支持足でしっかり地面に力を加えないとスイングできないということも感じられます。

股関節を開いてひざを前に出す「シザース」ドリル

DVD CHAPTER 2 参照

ひざペッチンでスイングの方向を見つけたら、より走りに近い動きのドリルで、ひざをどんどん前に出していくという感覚を覚えましょう。「シザース」というドリルを行い、「タターン、タターン」というリズムで、股関節を開き、ひざをどんどん前に出していき

Good

3　2　1

Bad

3　2　1

ます。

シザースで大切なのは二点。一つは、地面に着いている支持足は動かさずに、地面に力を加え続けるということです。支持足を動かして後ろに蹴り上げないことが大切です。

もう一つは、スイングする足でしっかり前に進むことです。股関節を開く感覚を持つことが大切ですが、最初は、トラックのラインなどを目安に股関節を開く感覚を覚えるのもよいでしょう。た

6　5　4

6　5　4

だし、股関節を開くときには、支持足はまっすぐ地面に力を加えましょう。支持足をはずすと力が加わらなくなり、また、両足が開いた形になって、コメディアンのような走りになってしまいます。

支持足を固定して地面に真上から力を加えながら、もう一方の足を前にピュンとスイングすることで、遠くに弾み大きく前に移動できるようになります。

ポンとピュンで走る

DVD CHAPTER 2 参照

ポンとピュンの動きがそれぞれ上手にできるようになったら、それを組み合わせて「ポンピュン」で走ります。

トラックにマーカーを置いて、助走区間、ポンで走る区間、ピュンで走る区間の目安にします。まず助走で加速します。

ポンの区間にきたら、上から下へのポンの動作を使って足を入れ替えながら、弾みながら走ります。ピュンの区間にきたら、ポンの動作にピュンのスイングを加えて走ります。ポンポンポンと弾む感覚を残しながら、ピュン、ピュンとひざをどんどん前に出していきます。スイングの力を利用していますから、股関節が広がってポンの区間よりストライドが伸びてくる感覚が得られるでしょう。

よく見られる、悪い例をあげておきます。一つは、ポンの動作を続けるうちにリズムが遅くなってスピードに乗れないという現象が起こるかもしれません。もう一つは、上体が起きて、移動せずに足の入れ替えだけになってしまうというケースもあるでしょう。

ポンとピュンで走るときには、両足をハサミにするイメージを持ち、振り下ろした足とスイングする足でものをはさむ感覚で、上から下に、後ろから前に動かしていきます。

3　2　1

9　8　7

15　14　13

6

5

4

12

11

10

1 〜 3　助走区間

4 〜 9　ポンの区間では上から下へ弾みながら走る

10 〜 16　ピュンの区間ではスイングの動作を利用してピュン、ピュンとひざを前に出していく

16

二直線上を走る

DVD CHAPTER 2 参照

人間には、頭から腰までは背骨という一本の軸が通っています。腰から下、つまり足は、骨盤の両側から一本ずつ、合計二本伸びています。ふだんは背骨の軸上にバランスをとるように動き、走るときも背骨の延長の地面に足を置いて左右のバランスをとろうとします。走っているのを見ると、ちょうど一直線上に足を置きながら走っています。

ところが、足は骨盤の両側から出ているため、一直線上に足を置いて走ると、足の外側（足の第五指＝小指側）のラインで着地し、同じライ

足の外側のラインで着地するとエネルギーのロスになる

4　3　2　1

8　7　6　5

トラックのライン１本分をまたぐ程度の幅に足を置いて二直線上を走るとエネルギーのロスがない

ンで地面に力を加えることになります。この走り方の場合、足の外側のラインでは大きな力は出せないうえに、足が内側に斜めに入るので、エネルギーが体の外側に逃げていってしまいます。つまり、エネルギーのロスが大きくなり、速く走れないのです。

速く走るために大切な、大きな力を加え大きな反発力をもらうためには、足は骨盤の真下に着き、二直線上を走る必要があります。二直線といっても、何十センチも離れた二本の直線ではなく、トラックのライン一本分をまたぐ程度の幅に足を置いていきます。

これくらいの幅で走ると、骨盤から真下に力を加えられるので、加えられる力も大きくなり、それに比例して返ってくる反発力も大きくなります。

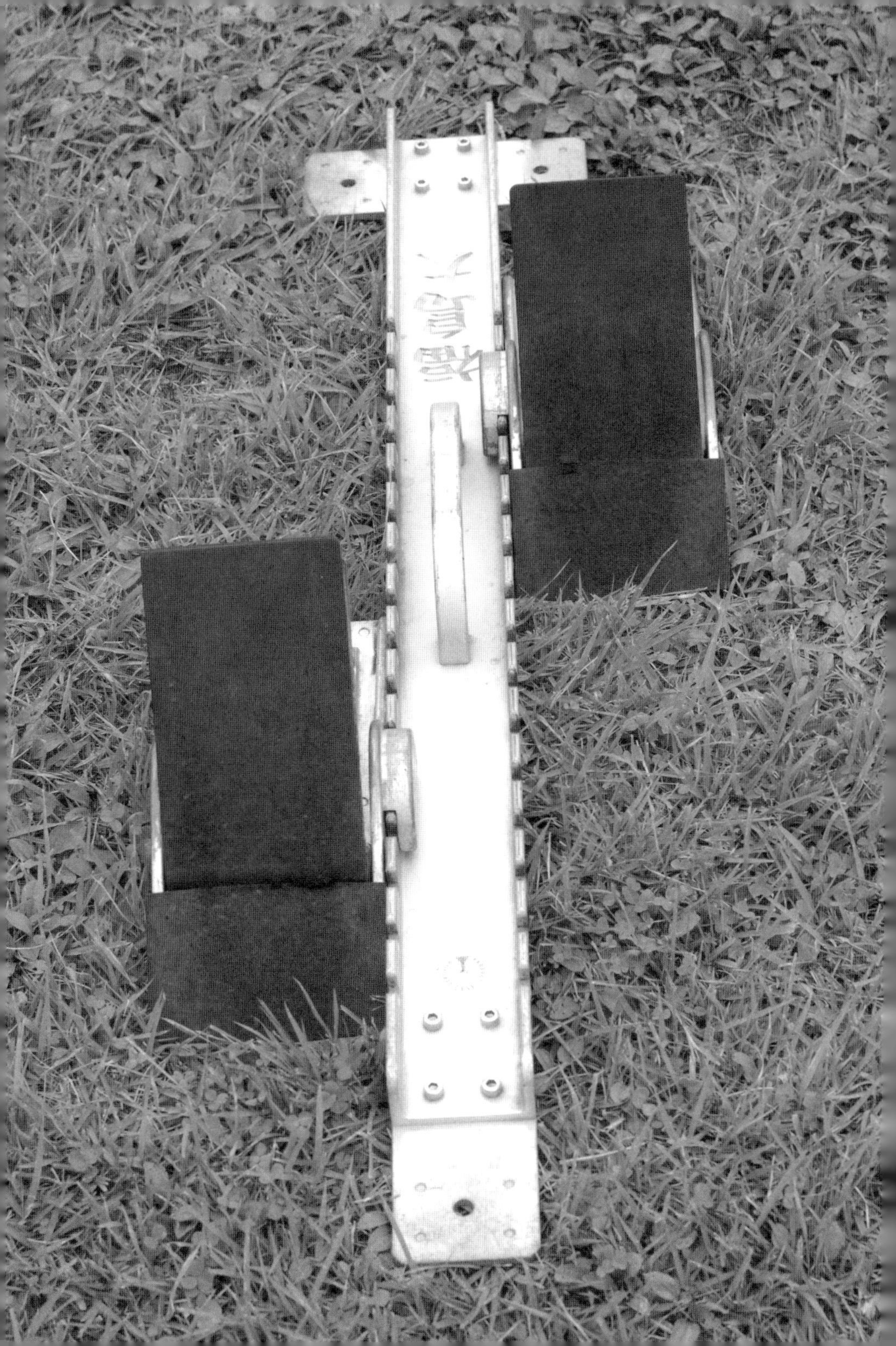

第３章

正しいスタートとグイグイ走法でさらに足が速くなる

短距離走は、スタートの一瞬で勝負が決まることもあります。スタートはそれほど大切なもの。本章では、パワーが出る正しい姿勢からのスタートと、パワーを使ったグイグイ走法を身につけましょう。グイグイ走法をポンピュン走法につなげることで、速い走りは完成します。

正しいスタートの姿勢

DVD CHAPTER 3 参照

スタートで大切なことは、体や足を素早く動かすことではなく、大きな力を加えることです。五〇キロ、六〇キロ、あるいはそれ以上もある私たちの体を、止まった状態から加速するには、とても大きな力が必要になります。スタートで大きな力を出すためには、まず、大きな力が出せるスタートの姿勢が欠かせません。

「スタートのかまえをとって」というと、多くの人は同じような悪い姿勢をとります。足と手の同側が前に出て、両足のつま先が斜めや横を向くため腰が開いてしまいます。この姿勢では、地面を強く蹴《け》ることができません。

正しいスタート、つまり、大きな力が出せるスタートの姿勢をつくってみましょう。

まず、両足をそろえて立ち、体を前に傾けていくと、どちらかの足が前に出ます。スタートのときは、前に出た足を後ろ足にします。このとき、両足のつま先、腰のライン、肩のラインは進行方向に向けます。腕は引いた足と同じ側の腕を前に出します。

次に、最も力の出る姿勢をつくります。垂直跳《と》びをするつもりで、ひざを折って沈み込みます。その瞬間が最も力の出る姿勢ですから、その姿勢のまま、足を引きます。このとき、重心は前の足にかけたまま、背骨と骨盤《こつばん》をまっすぐにして足を引きます。また、上半身は、へそではなく股関節《こかんせつ》で折るようにします。

あごを引いて、視線を背骨のラインと直角にします。足下より数十センチ前の地面を見るような意識です。視線が上がってゴール方向を見ると体の軸が弱くなり、スタートの瞬間の大きな力に耐えられません。

ゴールを見たままの姿勢で立ち上がると、あごが上がっています。この姿勢で、いわゆる「ひざカックン」をすると、フニャフニャと地面に倒れてしまいます。一方、あごを引いて立ち上がった姿勢でひざカックンをしてもビクともしません。一度試して体の軸の強弱を感じてみてください。

この姿勢から、前足のひざの伸展力、股関節の伸展を使い、地面に大きな力を加えてポンとスタートします。

1

2

1 ～ 4　両足をそろえて立ち、体を前に傾けて前に出たほうの足を後ろ足にする

5　垂直跳びをするつもりでひざを折って沈み込む姿勢をとる。この姿勢が最も力が出やすい

6　5の姿勢のまま足を引き、視線を背骨のラインと直角にする

3

4

5

6

重心をずらす

DVD CHAPTER 3 参照

人間が動くときは、必ず最初に重心をずらしてから動き始めます。試しに、イスに座った状態で、パートナーに人さし指で頭の一点を軽く押さえてもらってください。そこから立ち上がってみましょう。どんなに立ち上がろうとがんばっても、立ち上がれないでしょう。これは、頭が押さえられているために重心をずらせないからです。

スタートでも同じことがいえます。スタートではまず、少しだけ重心をずらすことで、その重心に

スタンディングスタートでの重心のずらし方

向かって体を動かし始められるのです。

重心のずらし方は二種類あります。一つは、スタンディングでスタートの姿勢をとったときに、両足のひざを少しだけ下に落とします。ひざを落とすことで重心がずれるので、ポンと飛び出せるのです。

もう一つは、クラウチングスタートで重心をずらす方法です。スタートの姿勢から、後ろ足のかかとを少しだけ後方に押します。すると地面からの反発で重心が前にずれるので、体を動かすことができます。

クラウチングスタートでの重心のずらし方

スタートからのグイグイ走法

DVD CHAPTER 3 参照

スタートのイメージは、前足で蹴って跳び出し、次の一歩めでまた跳ぶ感覚です。この一歩半の動作がスタートの第一歩と考え、二つの動作ではなく一つの動作とイメージして行います。

スタートの最初のエネルギー源は前足です。前足のひざと股関節の伸展力で飛び出していきます。素早く動くのではなく、前足のキック力でどれだけ移動できるかがカギになります。また、前足のキックを助けるのが後ろ足の引き上げです。前足の伸展と後ろ足の引き上げで、ポンと遠くに飛び出していきます。

跳び出したあとは、引き上げた足を後ろに下ろして蹴ることで、また跳んでいきます。引き上げた足を後ろに下ろす目的は、アンバランスな状態をつくり出すことです。引き上げた足をそのまま下ろすと、意識しないうちにバランスがとれるところに置いてしまいます。バランスがとれるということは、ブレーキがかかることですから、加速にとってはマイナスです。

引き上げた足を元の位置に戻すというイメージを持っていると、バランスのとれない位置に着くことになり、結果として前に進みます。このとき、視線は体の軸に対して直角、むずかしければ下を向いていてかまいません。視線を上げると重たい頭が後方に下がるので、重心の位置が下がってブレーキになってしまいます。

三歩め、四歩めまではひざと股関節の伸展力を使い、アンバランスな状態をつくり出しながら重心を追っていくことで、グイグイと前に移動できます。頭の中で、あるいは声に出して、「ポン、グイグイグイ」と進むと、素早く動くのではなく、重心をずらして大きく移動するという感覚がつかめるでしょう。

また、足のどこの筋肉を使うかも重要なポイントです。

スタートのときに使うのは、太ももの筋肉です。太ももでキックをすると足がまっすぐに伸び、体の軸を使って地面に大きな力を加えられます。ちょうど、前足全体（蹴った時点では後ろ足に見える）と後ろ足（前に振り出しているので前足に見える）のひざ下、後ろ足の太ももと地面とがそれぞれ平行になり、平行四辺形ができているのが理想的です。

これに対し、ひざから下の力を使うと足全体が曲がり、蹴り上げるかっこうになって大きな力を地面に加えられません。両足でできる形は三角形になっています。

2

1

4

1 ～ 2　前足の伸展と後ろ足の引き上げでできるだけ遠くに飛び出す

3　左右の足で平行四辺形をつくるのが理想の形

4　引き上げた足を元の位置に戻すイメージで着地してアンバランスな状態をつくり出す

5 ～ 6　そのままグイグイと前に進む

3

6

5

ギアを入れ替えて再加速

DVD CHAPTER 3 参照

スタート直後は、自動車でいうと一速か二速のローギア的なパワーでグイグイ走ることができます。これは、スピードゼロから加速している場面だからです。

しかし、ある程度加速すると、ローギアのままではそれ以上加速できなくなります。そのままローギアの力で走り続けようとすると、スピードに乗れないまま全力疾走《しっそう》してしまいます。自動車でいうと、一速や二速でどんなにエンジンの回転数を上げても、スピードが頭打ちになるのと同じです。

そこで、ローギアでの加速期間を過ぎたら、ギアを入れ替えて、さらに加速する技術が必要になります。ポイントは目線を上げず、上体を意識して前に傾けることです。加速度があれば体は自然に傾きますが、加速度が頭打ちになってくると傾きがなくなります。そこで、意識して上体を傾け、ギアを上げてもさらに加速できる姿勢をつくり出すのです。

視線を落とし、起き上がりそうになる上体を意識して傾けると、重心が前へ前へ移動するので、それを追って加速を続けることができます。加速できない、いい換えると地面を押せなくなるという変化は、スタートから一〇メートルほどで起こります。そこで、意識的に上体を傾けることで、三〇メートルまで加速力を持ち続けることができます。

3

2

1

9

8

7

15

14

13

6　　5　　4

12　　11　　10

1 ～ 6　ローギアのパワーでグイグイ走る

7 ～ 15　ギアを上げて再加速する。目線を上げずに上体を意識して前傾させることがポイント

再加速の場面は、スタート時よりはパワーは落ちますが、その分、ギアが上がっているので、トップスピードに向かってスピードをどんどん上げていくことができます。そこからポンピュン走法につなげることで、トップスピードのままフィニッシュラインを駆け抜けることができるのです。

おわりに

私が福島大学に赴任し、陸上競技部の指導者に就任して以来、二六年が過ぎました。振り返ってみると、人生の半分を福島大学での講義と陸上競技の指導に充《あ》ててきたことになります。

その間、私は節目節目で目標を立ててきました。二十代の目標は福島大学陸上競技部を東北の大学で一番にすること。三十代はインターカレッジ（日本学生陸上競技対抗選手権大会）での男女リレー入賞と日本記録、そしてオリンピックへの出場。四十代の目標は世界の舞台での日本選手の活躍です。

これらの目標は、二瓶《にへい》（旧姓・雉子波《きじなみ》）秀子《ひでこ》や吉田《よしだ》真希子《まきこ》、久保倉里美《くぼくらさとみ》、千葉《ちば》（旧姓・丹野《たんの》）麻美《あさみ》などの日本記録保持者をはじめとする陸上部の選手たちによって、すべて達成することができました。

そして、五十代の目標は、世界の舞台で短距離走のファイナリストを育てることと、陸上競技のさらなる普及です。現役の教え子に期待するのはもちろん、指導者として各地でがんばっている教え子たちの下から、優秀なジュニアが育ってくれることに大きな期待をしています。

もちろん、教え子だけではなく、すべての選手や指導者が一丸となって、陸上競技の普及と底上げ、世界のトップのアスリートを育成することに期待をしています。そのために、私ももっとがんばってやらなくては、と自分にいい聞かせています。

本書は、陸上競技を志《こころざ》す人や、選手育成に熱心に取り組んでおられる指導者の一助として活用していただければ幸いです。また、速く走りたいと願うすべての人に贈りたいと思います。

本書を刊行するにあたり、モデルとして実演をしてくれたナチュリルアスリートクラブの坂水千恵《さかみずちえ》選手、渡辺真弓《わたなべまゆみ》選手に御礼を申し上げます。坂水選手には

「悪い例」の見本として、慣れないフォームでの撮影をお願いしました。これはあくまでも〝演技〟だということを、彼女の名誉のために申し上げておきます。そして、トラックの一部を使っての撮影で、窮屈な思いをさせてしまった福島大学陸上競技部の選手諸君にも深謝申し上げます。

著者記す

二〇一〇年、清明

モデル・プロフィール

坂水千恵（さかみず・ちえ）＝写真右
一九八二年、宮城県生まれ。ナチュリル所属。中学一年生から陸上競技を始め、三年時に中学総合体育大会東北大会一〇〇メートルで準優勝。宮城第二女子高校一年時に四〇〇メートルに転向、国体で七位に入る。以後、四〇〇メートルを専門とし、高校三年時のインターハイで三位入賞。福島大学に進学後は四×四〇〇メートルリレーで学生記録を二度更新、アジア選手権リレー代表に選出される。ナチュリル所属後は大学時代から走っていた八〇〇メートルに本格的に取り組んでいる。自己ベストは四〇〇メートルが五四秒四〇、八〇〇メートルは二分〇八秒七三。

渡辺真弓（わたなべ・まゆみ）＝写真左
一九八三年、新潟県生まれ。ナチュリル所属。中学一年生から陸上競技を始め、全国中学校選手権走り幅跳びで四位、混成三種Bで三位に入る。日本文理高校時代はインターハイ混成七種競技で準優勝、国体一〇〇メートルで三位。福島大学に進学後は四×一〇〇メートルリレーで当時の学生記録を樹立。二〇〇七年、世界選手権大阪大会四×一〇〇メートルリレー代表。二〇〇九年、大阪グランプリで四×一〇〇メートルリレーの第三走者を務め四三秒五七の日本記録達成に貢献。同年、日本選手権一〇〇メートル準優勝。自己ベストは一〇〇メートルが一一秒五〇、二〇〇メートルは二三秒六一。

〈ＤＶＤ保管上の注意点〉

●直射日光の当たるところ、高温・多湿な場所での使用・保管はさけてください。

●使用後、ディスクは必ずプレーヤーから取り出してください。

※このＤＶＤは、家庭内での私的鑑賞にのみご使用ください。ディスクに収録されているものの一部でも権利者に無断で複製・改変・転売・放送・インターネットによる配信・上映・レンタル（有償・無償問わず）することは法律で固く禁じられています。

DVD 収録内容

CHAPTER 1	走りのメカニズムを知ろう	6 分 20 秒
CHAPTER 2	これがポンピュン走法だ！	27 分 29 秒
CHAPTER 3	正しいスタートとグイグイ走法でさらに足が速くなる	18 分 55 秒
	ALL PLAY	52 分 53 秒

〈ＤＶＤ使用上の注意点〉

このＤＶＤは、ＤＶＤ再生プレーヤーか、ＤＶＤが再生できるパソコンでご覧になることができます。

●ＤＶＤ再生プレーヤーのくわしい操作方法については、ご使用のプレーヤーの取り扱い説明書をお読みください。

●パソコンの一部機種では再生できない場合があります。ＤＶＤ再生による事故や故障などには責任を負いかねます。

〈ＤＶＤ取り扱い上の注意点〉

●ディスクは両面ともに指紋、汚れ、傷などをつけないように取り扱ってください。

●ディスクが汚れたときは、メガネふきのような柔らかい布で内側から外側に向かって放射状に軽くふき取ってください。レコード用クリーナーや溶剤などは使用しないでください。

●ディスクは両面ともに鉛筆、ボールペン、油性ペンなどで文字や絵を描いたり、シールを貼付したりしないでください。

●ひび割れや変形、または接着剤などで補修したディスクは、危険ですから絶対に使用しないでください。

参考文献

『福島大学陸上部の「速い走り」が身につく本』川本和久著　マキノ出版
『2時間で足が速くなる！』川本和久著　ダイヤモンド社
『コーチング・クリニック』二〇〇七年十二月号　ベースボール・マガジン社
『陸上競技クリニック　Vol.1』陸上競技マガジン二〇〇九年五月号増刊　ベースボール・マガジン社

川本和久（かわもと・かずひさ）
1957年、佐賀県生まれ。筑波大学卒業、同大学院修了（コーチ学専攻）。小学校講師などをへて、84年、福島大学教育学部に助手として勤務し、陸上競技部監督に就任。91年、文部省（当時）の在外研究員として1年間、カナダと米国へ留学。カール・ルイスのコーチ、トム・テレツに学ぶ。走り幅跳びの日本記録保持者である池田（現姓・井村）久美子選手、400メートルの日本記録保持者である千葉（旧姓・丹野）麻美選手など、地方の国立大学から日本記録保持者と世界陸上出場選手を多数育て上げ、陸上界のカリスマと称されている。ナチュリルアスリートクラブ監督兼任。著書に『2時間で足が速くなる！』『子どもの足が2時間で速くなる！　魔法のポン・ピュン・ラン♪』（いずれもダイヤモンド社）、『福島大学陸上部の「速い走り」が身につく本』（マキノ出版）がある。

足が速くなる
「ポンピュン走法」
DVDブック

平成22年4月28日／第1刷発行
平成22年5月15日／第2刷発行

著　者　川　本　和　久
発行者　梶　山　正　明
発行所　株式会社　マ　キ　ノ　出　版

〒113-8560　東京都文京区湯島2-31-8
☎03-3815-2981　振替00180-2-66439
マキノ出版のホームページ　http://www.makino-g.jp

印刷所
製本所　株式会社廣済堂

お問い合わせは、編集関係は書籍編集部（☎ 03-3818-3980）、販売関係は販売部（☎ 03-3815-2981）へお願いいたします。
価格はカバーに表示してあります。

ISBN978-4-8376-7128-2